Anonymous

Anweisung von dem Landtabak versch. Sorten Rauch- und Schnupftabak zu fabrizieren

Anonymous

Anweisung von dem Landtabak versch. Sorten Rauch- und Schnupftabak zu fabrizieren

ISBN/EAN: 9783743655584

Hergestellt in Europa, USA, Kanada, Australien, Japan

Cover: Foto ©Lupo / pixelio.de

Weitere Bücher finden Sie auf **www.hansebooks.com**

Nützliche
Anweisung

von dem

Land = Toback

verschiedene gute Sorten Rauch = und
Schnupftoback zu fabriciren.

Nebst einem Anhang, virginische
und ungarische Blätter wohl zuzubereiten;
dem Toback die gehörigen Farben
zu geben; auch

einem Geheimniß,

alle verdorbenen und abgestandenen Tobacks-
sorten wieder gut zu machen.

Berlin, 1787.

Glücklich sind diejenigen Länder,
in welchen der Monarch einen gnä-
digen Blick auf das Wohl seiner Unterthanen wirft, und dasselbe durch
Manufacturen und Verbesserung ei-

nen

gener Landes = Erzeugniſſe mehr und
mehr zu befeſtigen, bemühet iſt. Da=
durch wird den Unterthanen nicht
allein mehr Betriebſamkeit des Com=
merzes und alle Arten Handelsge=
ſchäfte eingeflößt, ſondern es verhü=
tet auch den Geldmangel eines Lan=
des, weil dadurch eine große Anzahl
Menſchen in mehrere Thätigkeit ge=
ſetzt wird, und das Geld im Lande
bleiben kann.

Dieſer gnädige Blick des Mo=
narchen, verleitet mich zu der Be=
kanntmachung der hierin enthaltenen
Entdeckungen und allgemein nützli=
chen Anweiſung, vom Landtoback
verſchiedene gute Sorten Rauch=
und

und Schnupf = Toback zu fabri=
ciren.

Durch vielfältige Proben und
Versuche bin ich so glücklich, das
Publikum überzeugen zu können, daß
es möglich ist, aus unserm Landblatt
eben dergleichen Sorten, sowohl
Rauch = als Schnupftoback zu fabri=
ciren, als die, welche uns die Aus=
länder unter verschiedenen Benen=
nungen anpreisen und aufbringen, die
doch oft nur blos dem Namen nach
das sind, was sie eigentlich seyn sol=
len, und bey weitem das nicht einmal
besitzen, was unsere Landblätter an
wirklicher Güte haben.

Ich

Ich will hiermit eben nicht sagen, daß ich unsere Landblätter den besten ausländischen an die Seite stellen, oder deren Kraft und Güte mit jenen Blättern vergleichen wolle, welche unter einem wärmern und gütigern Himmelsstrich wachsen; keinesweges, sondern es soll sich ein jeder, der auch nur ins Kleine Landblätter fabriciren, und vielleicht blos zu seinem eigenen Gebrauch haben will, selbst davon überzeugen, daß sie viele ausländische Sorten blos dem Namen nach als ausländisch erhalten, oder beynahe ihre eigenen Landblätter für ausländische geraucht und geschnupft haben. Wie es denn nicht unbekannt ist, daß sonst viel innländischer Toback aus-

auswärtig fabricirt, und wieder in das Land unter verschiedenen Namen als ausländischer verführet worden ist.

Zu was dienet diese Täuschung? Sollte der Unterthan nicht vielmehr, durch die ausnehmende Güte des Monarchen, dessen heissester Wunsch es ist, seine Unterthanen glücklich zu sehen, aufgemuntert werden, und sich durch Nachdenken und Untersuchung bemühen, seine Erzeugnisse sich nutzbarer und einträglicher zu machen? Sollte nicht vielmehr ein jeder stolz darauf seyn, daß der Monarch seine Bemühungen unterstützt, und der Unterthan dadurch in den Stand gesetzt wird,

4

wird, seine eigenen Bedürfnisse mehr
zu befriedigen?

Es ist der Wunsch des besten
Monarchen, daß der Landtoback zum
Vortheil der Unterthanen mehr be-
nutzet werde, als der ausländische;
dieses hat mich hauptsächlich, und
auch die Liebe zu dem allgemeinen
Besten derjenigen, die sich mit Fa-
bricirung des Landtobacks beschäfti-
gen, angetrieben, gegenwärtige Versuche öffentlich bekannt zu machen,
ohne daß ich selbst Fabrikant oder To-
backspflanzer bin.

Ich bemühete mich, den Landtoback mehr von seiner Crudität zu
rei-

reinigen, und ihm einen leichtern und angenehmern Geſchmack durch Waſchen und Fermentiren beyzu= bringen. Die wenige Kenntniß, die ich von der Zubereitung des Tobacks hatte, führten mich auf al= lerhand Verſuche, denſelben zu ver= beſſern, und ich fand immer mehr und mehr Mittel zu meinen Vorha= ben zu gelangen; hauptſächlich aber ſuchte ich weniger ſchädliche Mittel zu deren Beitze und Sauce auszufin= den, als die ſonſt gewöhnlich. ge= braucht werden, und die oft der Ge= ſundheit ſehr nachtheilig ſeyn können.

Bin ich auch vielleicht durch meine Verſuche dem Zwecke, den Landtoback vollkommen zu verbeſſern, noch nicht ganz nahe gekommen, und habe ich das noch nicht ganz bewürken können, was ich gewünſchet, ſo glaube ich doch in etwas zu deſſen Verbeſſerung und allgemeinen Benutzung ins Kleine beygetragen zu haben. Und da ich mit deſſen Fabrikation weiter keinen Gebrauch als für mich machen kann, ſo habe ich es für Pflicht gehalten, dieſe Mittel einem jeden, der davon Gebrauch machen will, anzubieten.

Vielleicht reizen doch diese Versuche in der Folge manchen Tobacks - Fabrikanten, oder auch andere Freunde der Oekonomie an, auf noch bessere Mittel zu denken, um der Verbesserung des Landtobacks immer näher zu kommen, und das noch vollkommner zu bewürken, was ich jetzt nur als nützlich bekannt mache,

Sollte ich in der Folge Muße genug haben, dieser Land = Tobacks-Verbesserung weiter nachforschen zu können, so werde ich mir ein Vergnügen daraus machen, wenn ich dem Publikum neue Beyträge zu

dessen

deſſen noch beſſern Verfertigung werde
liefern und nützlich ſeyn können.

Ich bin 2c.

Berlin,
den 2. May 1787.

der Verfaſſer.

Inhalt.

Inhalt.

Erste Abtheilung.

6. Holländischen Toback aus Landblättern zu machen.

7. Marocco-Toback zu verfertigen.

8. Ordinairen Toback recht gut zu machen.

9. Noch auf eine andere Art ordinairen Toback recht gut zu machen, oder den sogenannten Martienschen Toback.

Dritte Abtheilung.

1. Von dem Fermenbiren der ungarischen Blätter und Ribben.

2. Die Sauce zu ungarisch fermenbirten Blättern zuzubereiten.

3. Aus ungarischen Toback holländischen zu verfertigen.

4. Dem birginischen Toback den Canaster-Geschmack und Geruch zu geben, daß er der beste und lieblichste seyn kann.

Anhang.

Erste

Erſte Abtheilung.

I.

Von dem Fermendiren des Landtobacks zum Rauchtoback.

Das Fermendiren iſt einer der wichtigſten Gegenſtände, die man bey dem Fabriciren zu beobachten hat; auſſerdem, wenn die Blätter nicht gehörig fermendirt ſind, kann man ſich von der Fabrication nicht viel Gutes verſprechen. Denn durch das Fermendiren müſſen die Blätter aufgelöſet, erweichet, und die Gruſtgkeit denſelben benommen werden.

Es

Es verstehet sich von selbst, daß, wenn man gute Sorten fabriciren will, es auch nöthig ist, daß eine Wahl in den Blättern vorgenommen, und nicht alles untereinander geworfen werde. Besonders müssen die untersten und reifsten Blätter an den Stöcken, zu guten Sorten gesammelt, und zum Trocknen zusammengereihet werden. Die obersten Blätter kommen weniger zur Reife, behalten mehr Grusigkeit bey sich, und haben daher einen strengen und beissenden Geschmack, der auf keine Art wegzubringen ist.

Ehe nun die Fermentation vorgenommen wird, bereitet man sich das hierzu nothwendige Salzwasser. Dieses wird auf vorgeschriebene Art verfertiget.

Man nimmt rein und frisches Brunnenwasser, so viel man will, in ein hölzernes Gefäß, schüttet so viel Salz hinein, daß, wenn das Salz in dem Wasser aufgelöset,

gelöſet, ein gut friſches Ey darauf ſchwim-
met; alsbann iſt es gut, und kann dieſes
Waſſer zu allem gebraucht werden.

Unter obiges Salzwaſſer nun, miſchet
man den achten Theil Weinhefen, (dieſe
bekommt man bey den Weinhändlern um
ein geringes Geld,) beſprenget und feuchtet damit die Blätter an, jedoch nicht zu
viel; alsbenn legt man die Blätter in ein
Faß, tritt ſie wohl ein, legt einen Deckel
darauf, und beſchweret den Toback tüchtig. Nach acht oder neun Tagen muß
man wieder darnach ſehen, dann iſt er ge-
meiniglich warm; alsbann macht man in
der Mitte des Tobacks ein Loch, und läßt
ihn drey bis vier Tage offen ſtehen, daß er
recht ausbünſten kann, und ihm die Hitze
entgehet, denn macht man das Faß wieder zu.

2.

Auf eine andere Art den Landtoback zum Schnupstoback zu fermendiren.

Auf 1 Centner Landblätter werden folgende Species zum Fermendiren genommen:

2 Pfund Weinhefen,
12 Quart Wasser,
½ Metze Salz,
1 Pfund Honig,
¼ Pfund Sal Tartari.

Mit dieser Masse wird der Toback recht angefeuchtet, und in ein Faß getreten, acht oder neun Tage wohl fermendiren lassen, und hernach gestoßen. Nothwendig müssen obige Species vorher recht durcheinander gearbeitet und wohl vermischet werden.

3. Von

3.

Von dem Landtoback einen recht guten Kraustoback zu machen.

Bey dieser Zubereitung muß man sich einen Topf oder Keſſel ſiedend Waſſer halten, den Toback Hand vor Hand in dieſes ſiedende Waſſer eintauchen, die Blätter gut ausdrücken, und recht trocken werden laſſen. Wenn ſie trocken ſind werden ſie geſchnitten, und zu 1 Centner Toback

    1 Pfund Saſſafras, und

    $\frac{1}{2}$ Pfund Storax

fein geſtoßen, in 4 Quart Brunnenwaſſer gekocht, den Toback in ein Faß gethan, und ſubtil damit beſprenget.

Zu einem Viertels-Centner nimmt man

    $\frac{1}{4}$ Pfund Saſſafras, und

    $\frac{1}{8}$ Pfund Storax geſtoßen,

in einem Quart Brunnenwaſſer abgekocht, und wie oben damit verfahren.

A 3

Die-

(6).

Diejenigen, welche in das Größere fabriciren, machen hiernach ihre Berechnung.

4.

Ordinairen Brieftoback vom Laubblatt zu verfertigen und demselben einen angenehmen Geruch wie Canaster zu geben.

Dieses zu bewerkstelligen, muß man von den Nummer 1. fermentirten Landblättern, nachdem denselben die Grusigkeit gehörig benommen worden, und die groben Stengel so viel möglich davon abgesondert, dieselben getrocknet, doch so, daß sie sich gut schneiden lassen, nehmen; alsdenn, wenn sie geschnitten, und vollends ganz ausgetrocknet, werden zu ¼ Centner folgende Species zur Sauce genommen, als:

7 Loth Gummi Copal
14 Loth Zucker-Candis.

Der

Der Gummi Copal wird ohngefähr in 1 Quart Wasser, worinnen vorher 1 Loth Thee-Bois abgekocht, aufgelößt; der Gummi muß aber vorher nebst dem Zucker-Candis fein gestoßen werden, alsdenn, wenn das Theewasser kalt ist, und der Gummi Copal aufgelößt, so wird 1½ Quentchen Cedro-Oehl darunter gegossen, und mit dieser Masse wird der Toback angefeuchtet, und so viel möglich durcheinander gemischet, in einem reinen Gefäß gut eingedruckt, und darinnen sechs bis acht Tage stehen gelassen, alsdenn ist er zum Gebrauch fertig, und kann ein jeder Fabrikant denselben in Briefen oder Paqueten verbrauchen. Diejenigen, welche in größerer Quantität fabriciren, machen ihre Berechnung nach diesem Entwurf. Zu 1 Pfund Toback wird 1 Quentchen Gummi Copal, ¼ Loth Zucker-Candis, und 5 bis 6 Tropfen Cedro-Oehl genommen.

A 4   5. Aus

5.

Aus Landblättern guten Sulcent zu verfertigen.

Man nimmt hierzu von den fermendir=
ten Landblättern Num. 1. der ersten Ab=
theilung, und schneidet ihn so fein als mög=
lich. Nachdem er auf diese Art geschnit=
ten, breitet man ihn aus, nimmt trocken
Tobacksmehl von Num. 2. der zweyten
Abtheilung, siebet dasselbe fein über den
ausgebreiteten geschnittenen Toback herum,
reibet es mit den Händen wohl durcheinan=
der, und zwar dergestalt, daß man es nicht
sehen kann; auf diese Art ist er zum Ge=
brauch fertig. Sollte er zu trocken seyn,
so kann man ein wenig Salmiak in Wasser
auflösen, und denselben damit anfeuchten.
Wenn er nun auf diese Art behandelt wor=
den, verwahret man ihn in saubern Gefäß=
sen zum fernern Gebrauch.

6. Hol=

6.

Holländischen Rauchtoback aus Landblättern zu machen.

Man nimmt von den fermendirten Blättern Num. 1. der ersten Abtheilung einen Centner, lässet sie wohl trocken werden, alsdenn kochet man ½ Pfund Salmiak in 2 oder 3 Quart reinem Brunnenwasser, feuchtet damit den Toback an, wenn sich der Salmiak vorher gehörig aufgelöset; alsdann, wenn der Toback etwas kalt geworden, breitet man ihn aus, siebet ¼ Pfund Spaniol darüber, und reibet ihn mit den Händen, mischet ihn wohl untereinander, doch muß man sehen, daß der Toback nicht zu warm wird, sonst verdirbt er.

Auf diese Art kann man nach der Quantität des Tobacks allemal die Species eintheilen, und sich nach Belieben verfertigen, so viel als man will.

A 5   Zweyte

Zweyte Abtheilung.

Wie man von Landblättern gute Sorten Schnupftoback verfertigen kann.

1.

Guten Rappee von Landblättern zu machen.

Zu einem Centner fermendirt gestoßenen Landblättern, nimmt man

1½ Pfund Tamarinden,
1½ Pfund Weinhefen,
3 Quart Salzwasser, und
1½ Pfund Frankfurther Schwarz.

Die Tamarinden werden mit dem Salzwasser, wovon Num. 1. in der ersten Abtheilung Erwähnung geschehen, bey einem gelinden Kohlenfeuer abgekocht, und zwar

zwar so lange, bis sie ganz zerkocht sind;
nachgehends stellt man sie von dem Feuer,
und läßt sie kalt werden. Wenn sie kalt
sind, werden sie durchgeseigt, und mit den
Weinhefen vermischt; sodann wird das
Frankfurther Schwarz fein darüber gesiebt,
recht wohl durcheinander gearbeitet und
durchgesiebt. Hernach nimmt man

1 Pfund Salmiak, und

1 Pfund Sal Tartari.

Der Salmiak wird in 1½ Quart Salzwasser aufgelößt, desgleichen auch das Sal
Tartari, doch muß jedes a part aufgelößt
werden, alsdann untereinander geschüttet,
und auf den Toback gethan, recht durcheinander gearbeitet und wohl gesiebt.

2.

Wie man Rappee ohne Fermentation trocken fabricirt.

Man nimmt 1 Centner wohl ausge-
suchte Landblätter, wäschet sie mit warmen
Wasser

Waſſer gut durch, gießet das gruſige
Waſſer wenn es kalt geworden, ab, als=
dann wäſchet man die Blätter mit kaltem
Brunnenwaſſer nochmals ab, läſſet ſie
ausgebreitet ganz trocken werden, und ſtoſ=
ſet ſie zu Mehl. Wann ſie ſo geſtoſſen,
ſiebet man ſie durch, daß das Grobe von
den Stengeln zurück bleibt. Sodann
nimmt man

    1 Pfund Salmiak,
    2 Pfund Tamarinden,
    2 Pfund Sal Tartari, und
    1 Pfund Salpeter.

Wobey zu bemerken, daß der Salmiak in
2 oder 3 Quart Kalk = oder Salzwaſſer
aufgelöſet, ſonſt wird er warm, und der
Toback verdirbt.

Die Tamarinden werden, wie ſchon
gemeldet, aufgelößt, der Salpeter mit
dem Sal Tartari fein geſtoßen, und ſo alles
mit einander vermiſcht, untergearbeitet,
                                 und

und in einem reinen Gefäß wohl ver=
wahret.

Will man nun das gestoßene Toback=
mehl anmachen, so nimmt man von die=
ser Saute, feuchtet damit 1 Pfund oder
¼ Centner, so viel einem jeden beliebt, und
allenfalls zum Verkauf oder Gebrauch nö=
thig hat, an, arbeitet es mit den Händen
wohl durcheinander, siebet es einigemahl
wohl durch, daß es nicht zu naß ist, ver=
wahret es in steinernen Töpfen oder Büch=
sen, dann hält es sich und bleibt gut.

Die Couleur wird mit Frankfurther
Schwarz, so hoch als man sie haben will,
gemacht, fein untergesiebt, und wohl ver=
mischt. Dieses ist das leichteste Mittel
Rappee zu fabriciren, und zwar ohne viele
Weitläufrigkeit.

3.

Eine andere Sorte guten Schnupftoback aus Landblättern zu verfertigen

Wan nimmt zu 25 Pfund Tobackmehl oder gestoßenen Toback,

    1 Pfund Tamarinden, und

    2 Loth Salmiak.

Der Salmiak muß vorher in 4 Quart Salzwasser aufgelößt, alsbenn die Tamarinden über einen gelinden Feuer gekocht werden, so lange, bis das Wasser die ganzen Tamarinden an sich gezogen hat, und die Körner ganz los sind, alsbenn seigt man es durch ein Sieb, und läßt es abkühlen; wenn es gehörig abgekühlet hat, gießet man 1 Quart Rosenwasser darunter, und feuchtet den Toback damit an, arbeitet ihn drey- bis viermal so durch die Hände, und läßt ihn nachher jedesmal 24 Stunden ruhig stehen, alsbenn noch einmal durch die Hände gearbeitet, und so lange,

lange, bis er die Feuchtigkeit an sich gezogen und wieder ausgeschwißt hat; alsdann thut man ihn in irdene Gefäße,
preßt ihn wohl ein, so wird er sich gut
halten: er muß aber wohl zugedeckt werden. Will nun jemand in größern Quan-
titäten arbeiten, so ist es natürlich, daß
die Quantität der Tamarinden und des
Salmiaks darnach eingerichtet werden
müsse.

4.

Von Landblättern guten Naturell zu fabriciren.

Man nimmt zu 1 Centner Toback von
dem Num. 2. in der ersten Abtheilung fermenbirten,

1 Pfund Tamarinden,
½ Pfund Salmiak, und
3 Quart Salzwasser;

Und

Und nimmt einen neuen Topf, wor=
ein 3 Quart Salzwasser gethan werden,
hierin löset man ½ Pfund Salmiak auf,
mischet es wohl untereinander, und ko=
chet hernach die Tamarinden so lange, bis
sie ganz verkocht sind; alsdenn seigt man
sie durch, mischet den Toback mit diesem
Wasser wohl durcheinander, und siebet
den Toback etlichemal wohl durch, bis er
fein genug ist; dann ist er zum Ge=
brauch fertig, und kann in reinen Gefäſ=
sen wohl eingedruckt, verwahret werden.

§.

**Von vorerwähntem Naturell eine Art
St. Omer zu machen.**

Wenn man von besagtem Naturell
1½ Centner St. Omer machen will, so
muß man den Naturell noch ein wenig
zwingen; ¼ Pfund Steinklee fein stoßen,
und wohl durchsieben, alsdenn mit dem
Toback recht durcheinander arbeiten, und
mit

mit den Händen wohl zerreiben, auch nochmals wohl durchsieben, in steinernen Gefäßen verwahren, und so zum Gebrauch nutzen.

Will jemand dem St. Omer noch eine stärkere Beitze geben, so wird unter 48 Pfund Toback $\frac{1}{10}$ Quart Spiritus Salmiaci genommen, der Toback damit angefeuchtet, mit den Händen wohl untereinander gerieben, und durchgesiebt, so erhält der Toback dadurch eine ausnehmende Force. Zu 1 Centner Toback wird 3 $\frac{1}{2}$ Pfund Spiritus genommen. Der Toback wird nachgehends in steinernen Gefäßen verwahret, und so zum Gebrauch genutzet.

Will man keinen Spiritus nehmen, so kann man $\frac{1}{2}$ Pfund Salmiak in 1 $\frac{1}{4}$ Quart Salzwasser auflösen, und damit den Toback etwas mehr anfeuchten.

B   6. Hol

6.

Holländischen Toback aus Laubblättern zu machen.

Man nimmt ½ Centner von dem fermendirten Toback der ersten Abtheilung Num. 2.

½ Centner Naturell, und

5 Pfund Spaniol.

Diese drey Sorten werden wohl untereinander gemacht, und fein durchgesiebt; alsdenn nimmt man

2 Pfund Tamarinden,

diese in 2 Quart Wasser, worin etwas Salmiak aufgelößt, um die Kraft zu verbessern, wohl ausgekocht, alsdann durchgeseigt. Man kann auch die Tamarinden ein wenig weitläuftig vom Feuer stellen; dieses ist gut vor das Sauerwerden. Mit diesem Wasser nun wird der Toback angefeuchtet, und in reinen Gefäßen wohl eingedrückt, aufbewahret.

7. Was

7.

Marocco-Toback zu verfertigen.

Zu ¼ Centner Tobackmehl nimmt man ¼ Pfund Steinklee; derselbe muß wohl gestoßen, fein durchgesiebt, und gut untergearbeitet werden, daß man denselben nicht siehet. Alsdann nimmt man 5 Pfund Spaniol, und siebet denselben darauf, mischet ihn wohl durcheinander, doch muß man wohl darauf acht geben, daß er nicht warm wird, sonst ist er hin.

Zu einem Centner nimmt man 1 Pfund Steinklee, und 10 Pfund Spaniol, und so nach Proportion des Tobacks.

8.

Ordinairen Toback recht gut zu machen.

Nimm zu 1 Centner Toback

    3 Pfund gestoßene Violenwurzel,
    2 Loth Rosenholz.

Die

Die Violenwurzel wird fein gestoßen und durchgesiebt, das Rosenholz ebenfalls klein gestoßen, und mit der Violenwurzel wohl vermischt. Hernach macht man von dem Toback einen Kreis, schüttet die Violenwurzeln und das Rosenholz mitten hinein, und arbeitet es recht wohl durcheinander, damit die Wurzeln recht schwarz werden, und man das Weiße nicht siehet. Wann dieses geschehen, so siebet man die Masse noch einmal durch, dann ist er fertig. Man muß aber Achtung geben, daß es nicht sauer wird.

9.

Noch auf eine andere Art ordinairen Toback, oder den sogenannten Martienschen Toback zu machen.

Man nimmt zu 1 Centner Toback ½ Pfund Sibarienen=Körner, und ¼ Pfund Negelein=Köpfe.

Diese

Diese Species werden wohl gestoßen,
und recht durcheinander gearbeitet; der
Toback wird von dem Num. 2. in der
ersten Abtheilung genommen, und wohl
vermischet, alsdann ist er zum Gebrauch
fertig, und wird Martienscher Toback ge-
nennet.

Dritte Abtheilung.

Ungarische und virginische Blätter zu fabriciren.

1.

Von dem Fermentiren der ungarischen Blätter und Ribben.

Zu 1 Centner ungarische Blätter nimmt man

1 Pfund Weinhefen,

1 Metze Salz, und

1 Quart Wasser.

Diese Species werden untereinander gemischet, und der Toback damit gut angefeuchtet, in ein Faß gelegt, und stark eingetreten, wohl fermenbirt, und alsdann stoßen lassen.

2. Die

2.

Die Sauce zu ungarisch fermentirten Blättern zuzubereiten.

Zu 1 Centner ungarische Blätter nimmt man

2 Pfund Weinhefen,

1½ Pfund Tamarinden, und

2 Quart Salzwasser.

Diese Species werden wohl untereinander gemischt und gearbeitet, auch gut durchgesiebt. Hernach

2 Pfund Frankfurther Schwarz

fein darüber gesiebt, und recht gut verarbeitet; alsdenn

½ Pfund Salmiak, und

1 Pfund Sal Tartari,

jedes mit ¼ Quart Salzwasser aufgelöset, dann untereinander geschüttet, wohl verarbeitet, und die ganze Masse gut gesiebt.

Die

Die Tamarinden werden vorher mit dem Salzwasser bey gelindem Feuer wohl abgekocht, bis die Kerne davon gehen, alsdann kalt werden lassen, und durchgeseiget.

Will man nun nach Proportion mehr fabriciren, so richtet man die Quantität der Species nach vorgeschriebenem Plan an, und verwahret ihn in saubern Gefäßen so lange, bis er zum Gebrauch alt genug ist.

3.

Aus ungarischen Toback holländischen zu verfertigen.

Zu ¾ Centner gestoßene Ribben, und ¼ Centner Blätter, nimmt man

    1 Pfund rothe ordinaire Menge, und

    ¼ Pfund Rosenholz, klar gestoßen, und fein darüber gesiebt, und

                1 ½ Pfund

1 ½ Pfund Sal Tartari, und

1 Pfund Salmiak fein gestoßen;
der Salmiak und Sal Tartari wird jedes
a part fein gestoßen, auf jedes 1 ½ Quart
Salzwasser gegossen und aufgelößt, alsdann untereinander gemischt. Dann

3 Pfund gelbe Erde,
dieselbe fein durchgesiebt, mit der ganzen
Masse wohl untereinander gearbeitet, und
einigemal recht fein durchgesiebt; alsdann
in ein Gefäß gut eingestampft, und ru-
hen lassen.

4.

Dem virginischen Toback den Canaster-Geschmack und Geruch zu geben, daß er der
beste und lieblichste seyn kann.

Wenn die virginischen Blätter nach
der Art, wie in der ersten Abtheilung
Num. 1. bereits gemeldet worden, gehörig fermentirt und heraus genommen
werden, breitet man die Blätter auseina-
ander, siebt ganz sparsam etwas fein pul-

verisir-

verifirten Saſſaparil darüber, und reibet
ihn mit den Händen wohl ein; alsdann
nimmt man zu ½ Centner Toback ½ ℔
loth franzöſiſche oder italiäniſche Mucherons, (oder Schwämme). Dieſe muß
man bey ſehr gelindem Feuer wohl trocknen, daß ſie nicht verbrennen; alsdenn,
wenn ſie trocken, werden ſie zu Pulver
geſtoßen, in einen Keſſel gethan, und
2 Quart Waſſer dazu gegoſſen, 5 oder
6 Stunden ſieden laſſen, und zuweilen
umrühren, daß ſie ſich nicht feſtſetzen und
anbrennen.

Wenn auf dieſe Art das Pulver weich
geworden, ſo ſchüttet man 1 Quart guten und unverfälſchten Franzwein dazu,
läßt es noch ein oder zwey Sude thun,
dann hebt man es vom Feuer, und läßt
es kalt werden. Mit dieſer Sauce nun
wird der Toback angefeuchtet, und in guten Gefäßen verwahret.

Ge-

Gewöhnlich rechnet man auf 1 Pfund Toback 1 Loth Mucherons; will man aber den Geruch noch stärker haben, so kann man 2 Loth Mucherons auf jedes Pfund nehmen, so wird der Geruch stärker, der Toback aber etwas theurer.

Anhang.

Anhang.

Von Zubereitung der Farben zu dem Toback.

I.

Den Toback braun zu färben.

Zu ¼ Centner Toback nimmt man

4 Pfund Blauspäne,

1 Pfund Ferneboct,

⅓ Pfund Galläpfel,

4 Unzen Rothweiß, und

1 Loth Salpeter.

Diese Species zusammen sieden lassen, und tüchtig herum gerühret, bis sie ein- oder zweymal aufgekochet, alsdann darinne

liegen

Regen lassen, so ist die Farbe zum Gebrauch fertig. Die Species werden mit
3 bis 4 Quart Wasser abgekocht.

2.

Den Toback recht dunkelgelb zu färben.

Man nimmt zu $\frac{1}{2}$ Centner Toback
  1 Pfund Schaar, und
  4 Loth Sal Tartari.

Dieses wird mit 2 Quart Wasser eine
Stunde gesotten. Man kann auch eine
Ochsengalle darzu nehmen, wenn man
nämlich eine größere Quantität färben will,
oder um 6 Pfennige Galläpfel.

3.

Schwarz oder ganz dunkelgelb zu färben.

Zu $\frac{1}{4}$ Centner Toback nimmt
  $\frac{1}{2}$ Pfund Braunholz,
  $\frac{1}{2}$ Pfund Brasilienspäne,
  6 Pfennige Galläpfel, und für
  1 Groschen Weinstein.

Diese

Diese Species zusammen wohl kochen
lassen, und hernach durchgeseigt.

4.

Alle abgestandenen und verdorbenen Tobacks
sorten wieder gut zu machen.

Man nimmt nach Proportion des
Tobacks

> 2 Handvoll Heublumen,
>
> 2 Handvoll Nesselblüthen,
>
> 2 Handvoll Hollunberblüthen,
>
> 1 Handvoll Roßmarien, und
>
> 1 Loth Alaune.

Man kochet diese Species mit 2 Quart
Wasser, so lange bis es recht dick wird,
seihet es durch, wenn es kalt ist, und ma-
chet den Toback damit an, so wird er wieder einen frischen und angenehmen Geruch
erhalten, besonders wenn er in steinerne
Gefäße aufbewahret wird.

www.ingramcontent.com/pod-product-compliance
Lightning Source LLC
Chambersburg PA
CBHW021429090426
42739CB00009B/1421